Lb 49 1500

ÉVÉNEMENS
DE NÎMES,

DEPUIS LE 27 JUILLET JUSQU'AU 2 SEPTEMBRE
1830 ;

Par E. B. D. FROSSARD, Pasteur.

LIBERTÉ,

ORDRE PUBLIC.

A NÎMES,
CHEZ BIANQUIS GIGNOUX, ÉDITEUR, LIBRAIRE.

1830.

AVANT-PROPOS.

Quand on se rappelle que le rôle des localités peu étendues est de suivre l'impulsion plutôt que de la donner, il semble, au premier abord, qu'il faudrait arracher du livre de l'histoire toutes les pages qui rappellent les querelles intestines, propres, tout au plus, à jeter un jour défavorable sur les populations qui s'y abandonnent. Ces pages sanglantes répandent dans l'âme un sentiment involontaire de misanthropie, si elles ne la frappent d'apathie et de découragement. Néanmoins elles ne sont pas sans utilité pour l'histoire ; elles instruisent sur l'esprit des nations ; elles mettent sur la voie pour apprécier ce qu'elles ont conservé de leur antique origine ; elles indiquent les améliorations à apporter pour prévenir leurs fautes : elles montrent infailliblement les précautions à prendre en cas de récidive. Si la tâche que nous allons entreprendre, de retracer avec impartialité les scènes qui viennent de se passer à Nîmes, est douloureuse pour notre cœur, elle n'en est pas moins importante. Nous considérons ce travail comme un acte qui n'est pas dénué de dévouement, et nous le dédions à toutes les âmes honnêtes qui aiment le vrai et qui desirent le juste.

ÉVÉNEMENS
DE NÎMES,
DEPUIS LE 27 JUILLET JUSQU'AU 2 SEPTEMBRE 1830.

Soit par erreur, soit par une dérision de ce que les hommes ont de plus sacré, Charles X rendit, en 1830, quatre ordonnances.

La première violait la Charte en suspendant la liberté de la presse périodique.

La seconde, en révoquant une chambre élective qui n'avait point été convoquée.

La troisième, en imposant une nouvelle loi des élections.

La quatrième, en convoquant pour le 6 et le 28 septembre, les électeurs d'une chambre qui aurait dû se réunir le 3 août.

La première nouvelle de cet attentat aux droits des Français parvint à Nîmes le 27 juillet, par la voie des negocians de notre ville, alors réunis à Beaucaire pour les transactions de la foire. Des avis télégraphiques transmis par M. Herman, préfet du Gard, leur avait annoncé la ruine de nos institutions les plus chères. On douta pendant quelques heures de la véracité des rapports qui circulaient de toutes parts. Ce ne fut que tard le lendemain que nos députés en reçurent l'avis officiel de la préfecture. Nous apprîmes en même temps que, dès l'arrivée de cette nouvelle, la foire de Beaucaire avait été subitement interrompue, les soies diminuées de 3 à 4 francs ; des négocians avaient consenti à abandonner des arrhes considérables pour rompre leurs marchés. La confiance publique était visiblement détruite. Dans cette circonstance désastreuse on vit couler des larmes patriotiques; plusieurs répétaient, avec le rédacteur incriminé du Journal des Débats: *Malheureux Roi! Malheureuse France!* mais quelques-uns s'écriaient, avec un regard serein : *La cause du bien et de la vérité ne peut ainsi périr ; elle triomphera tot ou tard !* nous l'espérions, mais seulement pour nos enfans.

Le lendemain 28, tous les négocians étaient revenus de Beaucaire ; les rues de Nîmes, la veille si désertes, étaient encombrées, mais de personnes au visage abattu.

Nos députés semblèrent un moment indécis. Ils consultèrent leurs commettans, les uns pensaient que les honnêtes gens ne seraient pas de trop en province ; d'autres déclaraient que les députés devaient se rendre à Paris et faire acte de protestation. M. de Chastellier demeura à la tête de sa commune, MM de Daunant, Madier-Montjau (1) et de Lascours partirent dans la nuit du 31 juillet ; M. de Ricard était déjà à son poste.

Enfin les ordonnances furent affichées le 28 juillet. On remarqua beaucoup de gens du peuple qui les lisaient attentivement jusqu'au bout, ce qui annonce un progrès sensible dans les lumières. On remarqua aussi que

---

(1) M. Madier-Montjau avait été plusieurs fois insulté dans les rues.

les personnes, dont les opinions ont provoqué ce coup-d'etat, avaient un air soucieux bien différent de la sérenité qui annonce la victoire.

Les premières nouvelles des événemens de Paris nous parvinrent le 3o, mais en style laconique, et par voie de Lyon. Elles annonçaient ce qu'avaient prévu tous les esprits genereux : une resistance légale à un acte d'illegalité. Nous etions assez avancés dans la civilisation moderne pour faire, mêne des la première vue, la différence entre les événemens de Paris et un acte d'anarchie et de rébellion. Aussi la joie gonflait nos cœurs, mais il fallait les contenir encore long-temps.

C'est à compter de ce premier triomphe de la cause libérale qu'il faut dater le commencement de ces mouvemens en sens contraire, et de ces cris provocateurs de *Vive le roi!* prelude, chez notre peuple, du pillage et de l'assassinat! On ne pouvait les etouffer ; ils étaient encore dans l'ordre légal, quoique dans le fait, attentatoires à la sûreté publique. Chaque soir nous vîmes la gendarmerie, renforcée de quelques lanciers, suivre lentement le rebut de notre population, représentée par vingt ou trente individus, et les inviter à rentrer paisiblement dans leurs demeures.

Le Préfet et la municipalité se rendirent pendant plusieurs jours sur la place de la Maison-Carrée, et y demeurèrent avec quelques détachemens du régiment suisse, jusqu'à une heure du matin, pour contenir le peuple dans les bornes de la modération. Aussi tout était parfaitement paisible à la Bouquerie(1), tandis que, pendant la nuit du

---

(1) Nous dirons, une fois pour toutes, et pour les personnes étrangères à la ville de Nîmes, que la *Bouquerie* est un large pont, sur le canal de la Fontaine, qui sert de lieu de rassemblement aux libéraux, et que les *Bourgades* forment un faubourg, hideux de misère et de malpropreté, théâtre des excès des royalistes. Quant à ce dernier terme,

2 au 3 août, on assassinait aux Bourgades de paisibles protestans.

Le courrier de Paris fut intercepté les 30, 31 juillet et 1.er août. Un exemplaire du *Messager des chambres* et du *Temps*, et quelques fragmens de lettres particulières, circulaient de main en main, ou paraissaient affichés dans les cercles. L'anxiété et l'espoir se transmettaient dans toutes les classes avec la promptitude du fluide électrique. Enfin on leva l'interdit et nous pûmes respirer..

La lieutenance générale du royaume occupée par le duc d'Orléans, et qui annonçait si visiblement un changement de dynastie et une refonte de notre Charte, nous rendit la vie, et le premier acte par lequel nous épanchâmes notre joie fut une souscription

---

quoique devenu inexact, nous continuerons à l'employer dans tout le cours de ce récit, pour éviter le mot de *catholique* qui ferait présumer, à tort, que la religion a été pour quelque chose dans nos derniers troubles.

en faveur des braves Parisiens, qui s'ouvrit au cercle de M. Bianquis-Gignoux.

Mais un autre besoin, plus impérieux encore, réclamait nos soins. Il s'agissait d'assurer la tranquillité dans notre population, si prompte au fanatisme et à la vengeance. Les membres des cercles de la maison Cabane, de l'État-Major et les deux de la Comédie, qui représentent les diverses opinions politiques et religieuses, se réunirent spontanément, dans la matinée du 3 août, pour aviser aux moyens de calmer les esprits. Les élémens de cette assemblée étaient divers, mais un seul but, l'utilité publique, les réunissait. Ils envoyèrent une députation à la Mairie pour faire part de leurs vœux, et offrir leur aide pour le maintien du bon ordre. C'est dans cette réunion qu'une personne chargée de fonctions honorables, justement estimée par ses concitoyens, et dont le nom figure plus loin dans cet écrit, proposa avec force d'ajouter, à tous les moyens de réprimer les passions populaires et d'en prevenir les effets ; le plus efficace des expediens : celui de faire justice au plutôt aux opprimés ; il rappela que le parti liberal, quoique politiquement vainqueur, etait deja molesté ; il cita des faits affligeans ; il introduisit la femme Clairon dont le mari avait ete assailli la nuit précedente, au Plan de Bachalas, et atteint de trois coups de couteau. Il obtint et put donner l'assurance que le peuple protestant trouverait dans l'autorité cette justice impartiale qui lui avait tant de fois manque en 1815. Au sortir de la Mairie, on vit les membres des cercles se promener dans les quartiers les plus fréquentés de la ville, et réunir ainsi, dans un même groupe, des personnes long-temps divisées d'opinions. C'est ainsi que, dans la classe opulente, s'opérait une fusion si long-temps appelée par les vœux des gens de bien ; mais il était à souhaiter qu'elle se manifestât jusques dans les dernières ramifications de la société. C'est a cet effet que les principaux citoyens parcoururent, le soir même, chaque maison de la ville, exhortant à la tranquillité, et s'adressant surtout aux personnes victimes des crimes de 1815, pour leur prêcher l'oubli. Des patrouilles civiques, conjointement avec les troupes de ligne, surveillèrent la ville pendant la nuit. On avait vu, dans la journée, l'appel suivant affiché dans toutes les rues.

PAIX ET UNION.

« Chers Compatriotes,

» Aux premières nouvelles arrivées ce matin, un même vœu est parti du cœur de tous les bons citoyens ; ce vœu est celui de l'ordre et de la paix. Tous les cercles de la ville ont unanimement décidé de se réunir sur-le-champ en un seul pour coopérer de tous leurs moyens au maintien de la tranquillité publique. Nous avons été nommés dans cette réunion pour accomplir ce but généreux. Nous nous sommes transportés sur-le-champ à l'hôtel-de-ville et à la préfecture où nous avons trouvé un Maire et un Préfet fermement résolus à maintenir l'ordre et la tranquillité ; notre passage a été accueilli par les cris de *vive la Paix et l'Union!*

» Chers compatriotes, que ce cri soit le seul qui se fasse entendre aujourd'hui ! il s'agit de l'honneur de notre ville. Rompons, il en est temps, rompons cette fatale chaîne de souvenirs qui perpétuent parmi nous, depuis quarante années, des germes et des prétextes de discorde. Au nom de la paix, au nom de tous les sentimens nobles et généreux, pour l'honneur de notre pays, venez, unissez-vous à nous, aidez nous, repoussez d'imprudentes insinuations ; soyez dociles à la voix d'une autorité sage et paternelle ; ayez confiance en nous, vos amis, vos compatriotes ; nous qui ne voudrions pas vous tromper, et dont les noms réunis doivent faire passer dans vos âmes les sentimens de concorde et d'union qui remplissent les nôtres.

» Nîmes, le 3 août 1830.

» *Arcay fils aîné, Ambroise Blachier, Bardin, Gustave de Clausonne, Adolphe Crémieux, Donnedieu de Vabres, Parades de Daunant, A. Darlhac, de Froment, Eugène Gonet, Giraudy, Ferdinand Girard, Laurent, Charles de Laboissière, Monier des Taillades, Auguste Pelet, Jean Tur, Roux-Carbonnel, Vidal père, Ferdinand Vidal.*

» Le maire de la ville de Nîmes, s'empresse de déclarer qu'il applaudit entièrement aux sentimens louables qui sont exprimés ci-dessus.

Le maire, I.re DE CHASTELLIER.

» Le Préfet du département du Gard ne peut qu'exhorter tous les pères de famille et les bons citoyens à écouter les conseils honorables qui leur sont donnés. Il compte sur leur bon esprit, et espère qu'ils continueront à joindre leurs efforts aux siens pour assurer le maintien de la tranquillité.

» Nîmes, le 3 août 1830.

» E. HERMAN. »

Ces soins firent descendre dans l'esprit des libéraux une profonde conviction des intentions bienveillantes de l'administration à leur égard. Il leur suffisait d'acquérir la certitude qu'on leur ferait justice pour arrêter ce que leur élan pouvait avoir de tumultueux.

Le Préfet se montrait partout, accueillant avec attention et affabilité tous les avis des amis du bien public. Disons-le, il agit, dans ces circonstances critiques, en magistrat éclairé et intègre ; et si sa conduite politique, pendant les dernières élections, avait éloigné de lui les défenseurs de la cause constitutionnelle, son attitude loyale et sa coopération pour le maintien du bon ordre pendant les derniers jours de son administration, lui ont mérité notre juste reconnaissance.

Le jeudi 5 devait finir, pour nous, par le spectacle le plus touchant et le plus inespéré. La matinée semblait annoncer un orage. Les groupes se formaient déja à la Bouquerie et aux Bourgades. Le peuple désœuvré s'attroupait çà et là pour recueillir les nouvelles, ou offrir, ici l'aspect de projets sinistres ; là celui d'une vigoureuse resistance. Pendant la nuit, des coups avaient été portés ; des cris seditieux avaient troublé le repos des paisibles habitans des faubourgs. Cependant les cris : *Paix et Union !* avaient trouvé un écho dans le cœur de plusieurs. La masse si estimable de la classe intermédiaire, essentiellement amie de l'ordre et si empreinte de moralité, commençait à se mettre en mouvement pour imiter l'exemple que les sommités sociales avaient donné la veille.

Les pasteurs protestans avaient fait retentir, jusques dans les réduits les plus obscurs, la voix du christianisme qui commande et promet le pardon. Ils avaient eu l'heureuse idée de se réunir au clergé catholique pour parcourir ensemble les principaux quartiers de la ville. Mais ce projet ne put être mis à exécution. L'Évêque répondit à cette invitation, par l'intermédiaire de M. Herman, qu'il l'aurait acceptée si son grand âge ne s'y était opposé. Qu'il ne pouvait même l'accepter pour le clergé soumis à sa juridiction, qui semblait disposé à réserver, pour des occasions plus critiques encore, le peu d'influence qu'il pouvait exercer. Néanmoins, M. le curé Bonhomme parcourut, à plusieurs reprises, les maisons des Bourgades. De son côté, M. le pasteur Tachard avait visité toutes les familles protestantes qui avaient eu quelques griefs à endurer. Cet excellent pasteur avait déployé, dans ces circonstances, un sens droit et une activité au-dessus de tout éloge. Il obtint pour récompense d'être l'instrument de la réconciliation et de la paix. Il prépara dans sa propre maison des entrevues dont les détails arrachèrent des larmes à ceux qui en furent les témoins. Il eut le bonheur d'ébranler la masse; une fois en mouvement, la contagion de l'exemple devait se répandre avec promptitude. Vers quatre heures du soir on en était encore aux injures et aux coups sur les places publiques, lorsque soudain des troupes d'hommes descendent des faubourgs, proclamant la paix et l'oubli ; ils se joignent aux groupes de royalistes ; ceux-ci, a leur tour, font retentir des paroles d'amitié ; on s'unit, on s'embrasse. *Vive la Paix ! vive l'Union !* est le cri de ralliement. Une procession se forme spontanément ; elle circule en colonne forte de cinq ou six mille hommes ; elle grossit à vue d'œil ; elle enceint la ville entière. On y voit confondues des personnes de tout âge, de tout rang. Le mur de séparation élevé par les opinions religieuses et politiques semble désormais abattu. L'adjoint de la mairie, M. Vidal, est a la tête de ce cortège imposant. Lorsque le peuple a atteint la place de la Maison-Carrée, dont il remplit l'enceinte, M. Monier des Taillades s'élève sur les degrés du Théâtre, et adresse au peuple l'allocution suivante :

« Nos chers Compatriotes, nos bons amis,

» Le mouvement spontané qui vient de nous réunir est l'événement le plus mémorable qui ait jamais eu lieu dans cette cité ; il deviendra l'une des plus belles pages de son histoire ; il en efface pour jamais les traits hideux dont elle avait été souillée depuis tant de siècles. On y trouve à la fois tous les sentimens qui sont dictés par les lois de toutes les religions, par la morale et par l'honneur, pardon des offenses, oubli de tout le passé, exemple de sagesse, de modération et de générosité, loyauté, franchise, sincérité, foi des promesses, gage assuré de notre repos, de notre bonheur et de celui de nos enfans.

» Mais que l'émission d'un si beau vœu serait d'une faible utilité, s'il n'était suivi de la plus sincère et de la plus franche exécution. Ce n'est pas la paix d'un jour, d'une seule époque que nous nous promettons, mais celle de tous les temps que nous devons nous jurer. Vaincus ou vainqueurs, abattus ou triomphans dans nos opinions, jurons-nous de ne jamais profiter ni nous réjouir du malheur de nos concitoyens. Bannissons toute défiance, abjurons toutes distinctions de cultes et d'opinions qui peuvent nous diviser. Rappelons-nous que nous sommes exposés à être victime chacun à notre tour, sans pouvoir jamais rien y gagner. Songez tous qu'en blessant le cœur d'un père, vous pouvez atteindre celui de vos enfans.

» Toutefois, cette franchise, cette sincérité, cette fusion absolue des sentimens dont nous vous avons donné l'exemple, que vous avez si glorieusement imité, il n'y a qu'un seul moyen de les prouver, c'est de rentrer chacun dans nos maisons, dans nos ateliers, dans nos fabriques, tous au travail; nous, pour pouvoir vous en donner, vous, pour en recevoir et y trouver les moyens de subsistance de vos familles. Rapportons-nous-en tous à la sagesse de l'autorité, sur le soin de notre tranquillité, et reposons-nous tous, d'ailleurs, sur la foi de nos sermens.

Vive l'Union ! vive la Paix !

Ces paroles sont accueillies par de nouvelles acclamations. On se sépare, mais pour circuler paisiblement sur les boulevards ou pour remplir les cafés. On y voit réunies des personnes qui ne s'étaient pas adressé la parole depuis quinze ans. Là se forment des projets de réunion. On doit les commencer par des festins. Il s'en fit, pendant plusieurs jours de suite, dans les rues et les places publiques. Bien avant dans la nuit qui suivit ce beau jour, au lieu du *qui vive* des patrouilles, on entendit retentir les cris de *Vive la paix! Oubli et union!...* Cependant au loin, et dans l'ombre, circulaient encore quelques ligueurs.

Hors de Nîmes on ne devait pas croire à la paix des Nîmois. Nous y croyons parce que nous la désirions et qu'elle était sincère de notre part. On vient de voir que la plupart des mesures de l'administration, que tous les efforts des gens de bien avaient été dirigés de manière à prévenir toute réaction de la part d'un parti naguères foulé, aujourd'hui vainqueur. Le résultat de la journée du jeudi 5, avait montré combien on pouvait attendre de modération et de magnanimité du côté de ce parti. Jamais la cause libérale n'a paru plus grande et plus estimable. Il faut avoir suivi de près les événemens de 1815 pour comprendre ce que cet acte d'oubli avait d'héroïque. On avait vu d'honnêtes gens pressés par les sollicitations de leurs concitoyens toucher la main qui avait répandu le sang d'un père ou d'un enfant ! Mais, par un de ces travers dont l'histoire de l'humanité offre peu d'exemples, c'était le parti amnistié qui devait violer la paix. Il y avait été amené par la crainte, il ne put comprendre la modération des constitutionnels ; il l'interpréta pour de la faiblesse ; quelques jours après il leva de nouveau la tête avec une impudence que nulle expression ne peut caractériser. C'est ce que prouve l'émigration de plusieurs milliers d'individus qui eut lieu le lendemain de l'union. La route de Beaucaire en était encombrée.

Cependant les amis de la révolution de 1830 réclamaient à grands cris les couleurs nationales. Il leur semblait inconcevable que ce beau drapeau tricolore ne flottât pas encore sur la Tour-Magne, puisqu'il brillait déjà depuis dix jours sur le faîte du Panthéon. Plusieurs fois ils firent entendre leurs réclamations, on leur répondait que les ordres n'etaient pas arrivés. L'idée que les dépêches télégraphiques avaient été interceptées à Marseille par un administrateur peu ami de l'ordre nouveau, et connu d'ailleurs à Nîmes, frappa tous les esprits. M. Crémieux, avocat, offrit de se rendre, sur-le-champ, à Lyon afin de hâter l'arrivée des ordres dont l'absence inquiétait tout le monde. On envoya aussi, pour le même effet, une députation à Montpellier, auprès du Général de division. Le Lieutenant-Colonel des Suisses avait déclaré qu'il n'agirait point sous le drapeau tricolore. Le Préfet n'avait promis de continuer ses fonctions que jusqu'au moment où les nouvelles couleurs seraient arborées. Avant que ce changement s'opéra, M. Herman délégua son autorité, comme la loi l'y autorisait, au plus ancien des membres du Conseil général, l'honorable M. Chabaud-Latour, alors résidant à sa maison de campagne, près St-Chaptes. Cet excellent citoyen gémissait alors sous le poids des cruelles souffrances de la goutte, mais, accoutumé au dévouement, il s'arracha de son lit de douleur sans hésiter, et se fit transporter à Nîmes. A son arrivée le drapeau national parut sur l'édifice de la Préfecture et sur celui de la Mairie. Son apparition, si réjouissante pour tant de bons citoyens, ne produisit aucun mouvement en sens inverse de la joie et de l'ordre. Un groupe nombreux de libéraux, auxquels se joignirent quelques-unes des personnes qui figuraient naguères dans des rangs opposés demanda deux drapeaux pour les planter sur les Arènes et sur la Tour-Magne. Le soir une foule immense circulait sur toutes les promenades. Le calme était peint sur tous les visages. Une table immense devait être dressée dans la Rue-Neuve, depuis la Magdelaine jusqu'au Cours-Neuf. Libéraux et royalistes devaient s'y asseoir indistinctement ; mais un orage vint déjouer ce projet de fête : présage trop vrai de ce qu'un avenir de quelques jours nous préparait. Le soir on affichait partout et on répandait à domicile l'adresse suivante :

LA PAIX ET L'UNION SONT ACCOMPLIES.

« Chers Compatriotes,

» Vous avez dépassé nos espérances. Nous vous demandions le maintien de la paix et de la tranquillité publiques, et vous nous avez donné le spectacle de la réconciliation et de l'élan le plus généreux. Le 5 août sera à jamais memorable dans les annales de Nîmes. Plus d'inquiétudes, plus de craintes

Les cris de paix et d'union qui se sont fait entendre, les scènes de rapprochement qui ont signalé ces dernières journées resteront gravées dans vos mémoires, et leur souvenir demeurera désormais une garantie impérissable de bonne harmonie et d'ordre parmi nous.

Chers Compatriotes, vous êtes heureux aujourd'hui. Les sentimens les plus purs remplissent vos cœurs, vous êtes contens de vous ; vous sentez que ce que vous avez fait est bien ; vous êtes fiers d'avoir honoré la ville de Nîmes. Savourez avec délices le plaisir excité dans vos âmes par tant d'émotion généreuses, et, après l'avoir goûté dans toute la chaleur d'un premier enthousiasme, modérez maintenant des sensations si vives par la reprise de vos habitudes et de vos travaux journaliers. Les cris et les transports sur les places publiques ne sont pas choses de durée, tandis que les occupations de vos professions, la vie domestique, les rapports de bon voisinage réunis à un sentiment général d'ordre et de sécurité, vous maintiendront dans la possession d'un bonheur solide et tranquille. Ce sont les dernières exhortations que nous vous adresserons : en répondant admirablement aux premières, vous nous avez appris que nous pouvons compter sur vous, et que notre rôle est fini. Une chose reste pourtant encore, c'est de vous remercier, chers compatriotes, et de votre confiance et du bonheur que vous nous avez procuré. »

Nîmes, le 7 août 1830.

(*Suivent les signatures.*)

Depuis cette époque jusqu'au dimanche, 15 août, aucun événement grave ne troubla notre cité. On vit seulement disparaître à plusieurs reprises le drapeau national qui orne le faîte de la Tour-Magne. Afin de prévenir cet attentat il fut convenu qu'il serait enlevé chaque soir et replacé avant le point du jour.

M. Chabaud-Latour avait fait connaître

ses dispositions sages et bienveillantes par la proclamation suivante :

Nîmes, le 7 août 1830.

A MM. les fonctionnaires et habitans du Gard.

Messieurs,

« Plusieurs d'entre vous avez bien voulu penser que quelques jours d'une vie qui vous a été presque entièrement consacrée, pouvait encore être utile au Gard et à ses habitans : a cette pensée j'ai oublié mes douleurs, et l'on m'a conduit au milieu de cette population Nîmoise, unie et paisible sous des chefs religieux, civils et militaires, aussi sages que prudens, au milieu de cette population qui offre un si bel exemple. Si nos ancêtres nous ont légué de si brillans monumens de leur passage sur la terre, nous laisserons désormais à nos neveux des exemples de tous les sentimens qui rendent la vie douce et heureuse : la concorde, l'union et la paix. Eloignés du centre du gouvernement, attendons avec calme et respect les lois et les ordres qu'il nous transmettra ; executons-les avec zèle et fidelité.

» Mes anciens amis, mes chers concitoyens, soyons confians dans un avenir qui, désormais, doit rassurer les consciences les plus timorées ; cet avenir est préparé par un Prince descendant d'Henri IV, qui prit part à nos premières victoires, et ne fut etranger qu'à nos malheurs ; par les Pairs de France, et par ces Députés que vous venez si récemment de charger de vos plus chers intérêts.

Baron CHABAUD. »

M. Chabaud avait eu aussi la prudence de faire connaître par des affiches les bulletins du départ de l'ex-Roi et de sa famille. Cette précaution était indispensable pour faire évanouir les fausses espérances dont les partisans de l'ordre ancien nourrissaient si gratuitement le peuple.

Un complot de résistance à l'ordre légal, ourdi dans une ville voisine de Nîmes, fut déjoué. La neutralité que le Lieutenant-Colonel des Suisses en garnison à Nîmes, M.

de Bontemps, protesta vouloir garder, fut peut-être l'obstacle le plus efficace apporté à ce projet.

Ce fut le dimanche, 15 août, que Louis-Philippe I.er, ce roi - citoyen que nos vœux avaient appelé, et que notre cœur accepte avec tant de confiance, fut solennellement proclamé dans nos murs. Un cortège immense formé des autorités municipales et militaires, une compagnie de grenadiers du régiment Suisse et une compagnie de Chasseurs en garnison à Nîmes, et suivi par une foule innombrable de citoyens, circula autour de la ville le long des boulevards dont les maisons étaient, surtout du côté de l'ouest, pavoisées de drapeaux tricolores. Le colonel de Lascours, arrivé le jour même pour commander la subdivision militaire, ouvrait la marche ; la vue de cet excellent citoyen préparait les esprit à la confiance.

Les Suisses avaient enfin, par ordre de leurs cantons, arboré nos couleurs de liberté. Des airs patriotiques qui, depuis quinze ans, avaient été étouffés par le despotisme, retentissaient de toutes parts. Partout les cris de *Vive Louis-Philippe ! Vive la Liberté ! Vive la Paix !* se faisaient entendre. On eut dit un des beaux jours de l'empire, plus la liberté.

Le peuple fit cependant quelques remarques. Il observa que la compagnie des sapeurs pompiers, composée en grande partie de personnes qui avaient joué un rôle peu honorable en 1815, n'assistait pas à la cérémonie. On observa qu'au milieu des acclamations de la joie et des vœux pour le maintien de l'ordre nouveau et le bonheur du Roi qui a accepté notre choix, le cri de *Vive le Roi !* se faisait à peine entendre. C'est ici un trait caractéristique de la localité. Le sentiment était ce jour-là dans tous les cœurs droits, mais le mot avait été souillé en 1815. On fut aussi affligé d'une malheureuse coïncidence, celle de l'augmentation du prix du pain avec le commencement du nouveau règne.

. Cependant, en tout, le peuple libéral était content, et de ses administrateurs, parce qu'il les aimait d'avance, et de lui-même parce qu'il avait su pardonner. Cependant cette magnanimité du peuple et cette conquête reconnue de la cause constitutionnelle n'avaient pas désarmé la sourde fureur de la faction absolutiste. Les gens que l'on accuse d'exciter et de payer étaient rentrés dans Nîmes. Les malveillans reparurent dans l'après midi, plusieurs étrangers suspects s'étaient joints à eux; ce n'était plus seulement des cris de sédition, des insultes à la cocarde nationale, des coups de pierres; les poignards commencèrent à briller. Les illuminations de la soirée, démonstration générale de notre adhésion à l'ordre nouveau, éclairèrent le commencement de scènes d'horreur. Elles ne devaient se terminer que trois jours après. Étienne Honoré, jeune homme de mœurs douces, apprend qu'il y a des troubles aux Bourgades. Il court au Petit-Cours pour y chercher son frère et le ramener chez lui, aux abords de l'enclos de Rey, il tombe frappé mortellement. Avon est invité par quelques hommes, avec lesquels il a juré paix et union, à entrer avec eux dans le café Riche, et tandis qu'il lève le bras pour allumer un cigare, il est assailli, par ses compagnons, de coups de couteau. Dans ces deux soirées, et pendant que le soleil luit encore, Crouzet, Tel, Vincent fils, Bruguier, Dupuis, Franceson, Massip, Rouvière, Colasse et plusieurs autres sont assaillis de coups de pierre ou gravement blessés par le tranchant des poignards. Prat, qui se promène paisiblement avec un protestant, est assailli par le parti absolutiste, auquel il appartient. L'indignation agite tous les esprits. Le rôle de conciliateur touche à son terme. Nous n'espérons plus dans la loyauté de nos ennemis ; désormais une administration ferme et juste doit nous protéger. Tel est le cri des esprits les plus paisibles. Les groupes de la Bouquerie demandent vengeance, ils l'exercent sur quelques imprudens, Sallet, Trufère et Thomas, qui passent témérairement au milieu de leurs rangs. Nous les arrachons à leurs fureurs. Nous sommes encore au milieu d'eux pour les retenir par notre présence et les empêcher de souiller leur noble cause en s'abandonnant aux passions populaires. M. de Lacoste, notre nouveau Préfet, était arrivé dans nos murs, il fait sur-le-champ afficher la proclamation suivante :

Le Préfet du Gard, aux habitans de la ville de Nîmes.

« J'espérais, en arrivant dans vos murs, n'avoir que des félicitations à vous adresser sur l'admirable concorde qui avait accompagné l'accomplissement de notre glorieuse révolution dans votre pays.

» J'espérais n'avoir qu'à diriger vers un but d'utilité publique ces passions ardentes, mais loyales, et ces talens qui vous distinguent parmi un peuple si distingué par son esprit.

» Il n'en est point ainsi, les attentats de la soirée d'hier ont souillé la fin d'une semaine toute de paix et d'union. Des cris de haine et de sedition ont été poussés ; plusieurs coups de couteau ont été portés.

» Une agitation, que légitiment ces désordres, s'est emparée de la ville. Elle effraie les bons esprits, et appelle l'attention de l'autorité. En consequence je crois de mon devoir d'avertir les bons et paisibles habitans de Nîmes, que des mesures sévères seront prises pour réprimer le petit nombre de pertubateurs que renferme leur cité.

» J'avertis les mauvais citoyens qu'ils n'échapperont pas au châtiment des crimes d'hier, en commettant de nouveaux crimes aujourd'hui.

» J'avertis en même temps les amis et les parens des victimes des excès d'hier, que l'autorité qui veille pour eux, leur interdit severement de se faire justice par eux-mêmes. Justice leur sera faite par la justice. Une instruction est commencée. Elle s'achevera. Le gouvernement du Roi a la ferme volonté de maintenir l'ordre et la paix. Il y parviendra.

» Nîmes, le 16 août 1830.

A. DE LACOSTE. »

ARRÊTÉ DU PRÉFET.

« Nous Charles-Aristide de Lacoste, préfet du département du Gard,

» Vu les troubles graves qui ont alarmé hier soir la ville de Nîmes ;

» Voulant empêcher que de pareils excès ne se renouvellent à l'avenir ;

» Vu la loi du 24 août 1790 ;

» Arrêtons que tout attroupement de plus de cinq personnes sera réputé séditieux et dissipé par la force publique, après les sommations voulues par la loi ;

» Que quiconque tentera de s'opposer à l'exécution de cette mesure sera arrêté pour être traduit pardevant les tribunaux et puni des peines portées par la loi.

» Nîmes, le 16 août 1830.

Le préfet du Gard,

A. DE LACOSTE. »

Le Maire rendit aussi l'arrêté suivant :

Du 16 août 1830.

« Le Maire de la ville de Nîmes, chevalier de la Légion d'Honneur,

» Dans l'intention d'assurer la tranquillité publique dans les circonstances actuelles,

» Arrête :

» Art. 1.ᵉʳ Les cafés et cabarets seront évacués et fermés a sept heures du soir.

» 2. Les signes nationaux et la cocarde tricolore sont mis sous la protection de l'autorité. Quiconque se permettra de les insulter sera arrêté sur-le-champ et traduit devant les tribunaux.

» 3. Tout signe du gouvernement précédent est prohibé. Néanmoins les agens de l'autorité et de la force publique ont seuls le droit de poursuivre ceux qui en sont porteurs.

» 4. Toute insulte, dirigée contre l'autorité et la force armée, sera punie suivant toute la rigueur des lois.

» 5. Passé sept heures du soir, tout étranger à la ville de Nîmes, qui sera trouvé dans les rues, places publiques et dans les promenades, sera arrêté et mis à la disposition de l'autorité, s'il n'est porteur de papiers en bonne forme.

» 6. Le présent arrêté sera soumis à l'approbation de M. le Préfet. »

Le Maire de la ville de Nîmes,

Is.re DE CHASTELLIER. »

Ces mesures produisirent l'effet désiré. Tout rentra dans l'ordre et le calme reparut avec des symptômes de durée. Jeudi 19, Honoré fut conduit à sa dernière demeure. Le cortège se composait de plus de quinze cents libéraux. L'ordre le plus parfait fut constamment observé pendant cette triste cérémonie, et l'on vit tous les yeux répandre des larmes de regret. M. le pasteur Vincent saisit cette occasion pour adresser à la multitude des exhortations, à la fois empreintes de force et de douceur, pour l'engager à demeurer dans la voie de la légalité et à faire régner autour d'elle la paix et la modération. Ces paroles furent écoutées et comprises.

Chacun reprit son travail accoutumé; les boutiques se rouvrirent, la confiance reparut, et avec elle notre vie paisible. Un grand nombre de personnes timorées qui, trop injustement, avaient redouté une réaction de la part des constitutionnels, rentrèrent dans leurs foyers; et les sujets, à l'ordre du jour, furent les changemens de places qui amènent tant de solliciteurs, les discussions de la Chambre si importantes pour l'avenir de la France, les exigeances et les besoins de nos ouvriers qui réclament tant de compassion. Le préfet avait publié la proclamation suivante :

« Habitans de la ville de Nîmes,

» Les promesses qui vous ont été faites hier ont été réalisées. Force est demeurée à la justice. La tranquillité est rétablie dans nos murs.

» Les chefs du parquet poursuivent avec le zèle que vous leur connaissez, une instruction contre les auteurs des troubles d'avant-hier. Plusieurs des individus prévenus d'avoir pris part à ces désordres sont arrêtés. La justice parviendra à connaître et à punir tous les perturbateurs.

» En même temps des forces nombreuses viennent seconder les efforts de celles qui déjà avaient suffi pour ramener la paix parmi vous.

» Habitans de la ville de Nîmes ! qu'une conviction bien profonde règne dans vos esprits :

» Premièrement, de la force du gouvernement du Roi ; de l'unanimité avec laquelle toute la France a salué son établissement ; de l'unanimité avec laquelle toutes les puissances étrangères ont vu en lui la restauration de l'ordre en France et de la paix en Europe.

» Deuxièmement, de son inflexible volonté de s'opposer à *tout désordre*, de punir *tous les excès*, de rendre justice *à tous*.

» Vous donc, bons et loyaux citoyens, qui vous êtes ralliés de cœur et d'esprit à la cause et aux couleurs nationales, ne vous livrez plus à des inquiétudes sans fondement. Vos magistrats veillent pour vous : vos magistrats répondent de votre repos.

» Et vous, qui avez le malheur ou la folie de ne point concevoir encore tous les résultats de notre glorieuse révolution, pensez aussi que l'autorité veille sur vous ; qu'elle préviendra toute tentative séditieuse ; que tout mouvement insensé ne servirait qu'à amener un sévère châtiment sur la tête de ceux qui en auraient été les instigateurs ;

mais soyez sûrs en même temps que, quels que soient les sentimens qui règnent dans vos cœurs, tant que ces sentimens n'éclateront pas au dehors par des actions, vous trouverez auprès des autorités du Gard protection pour vos personnes et vos propriétés.

» Répression pour les pervers, liberté pour tous !

Le Préfet,

A. DE LACOSTE. »

Le préfet avait aussi fait connaître aux habitans du département, sa profession de foi politique, par l'adresse qui suit :

« Habitans du Gard,

» Une admirable révolution vient de s'accomplir. Un prince parjure avait armé ses soldats contre les citoyens de la grande cité. La couronne est tombée de sa tête. La France l'a repoussé de son sein.

» La vérité et la justice se sont assises sur le trône avec une prince au cœur français, un prince qui combattit jadis pour notre indépendance sous le glorieux étendard aux trois couleurs.

» Une Charte perfectionnée régit le Roi et la nation. Des lois, en harmonie avec ces perfectionnemens, etendront encore nos libertés. Une administration constitutionnelle et liberale dans toutes ses parties succédera à cette administration qui froissait nos intérêts, torturait nos consciences et s'efforçait d'abâtardir nos âmes.

» Le present est beau ; l'avenir est riche des plus nobles esperances. Jouissons de ces bienfaits ; jouissons de l'eclat que ces prodigieux évenemens répandent sur notre patrie.

» Mais gardons-nous, dans notre triomphe, d'insulter ceux qui se sont montrés partisans trop ardens de l'ordre de choses qui vient de finir ; gardons-nous de tout mouvement tumultueux.

» Ecoutons les paroles royales qui nous recommandent la modération, la paix, le respect a la loi ; imitons ces magnanimes

Parisiens qui, une fois la victoire assurée, ont tendu la main aux vaincus, ont pansé leurs blessures et leur ont érigé un monument Nous sommes forts, nous sommes inébranlables ; soyons calmes et généreux.

» En arrivant au milieu de vous, j'ai cru de mon devoir de vous faire connaître la pensée qui anime le gouvernement du Roi, et qui dirigera tous les actes de mon administration dans votre pays. Je sais, au reste, que les sentimens que je viens de vous exprimer sont les vôtres, et que ce département, qui s'est deux fois montré avec tant d'énergie dans la lutte électorale, n'est pas moins remarquable par son amour pour l'ordre que par son patriotisme.

» VIVE LE ROI ! VIVE LA CHARTE !

Le Préfet du Gard,
A. DE LACOSTE. »

Le samedi, 28 août, on avait insulté plusieurs libéraux ; un portefaix protestant avait été lapidé aux Terres du Fort. Ces attentats ne furent connus que tard le lendemain. Ils étaient suffisans pour exaspérer des hommes paisibles, tant de fois foulés, si long-temps patiens ; aussi dans l'après midi du dimanche 29 août, plusieurs d'entre eux se présentent à la mairie, réclamant instamment des armes. Leurs demandes furent réitérées avec assez d'énergie pour témoigner combien elles étaient urgentes. Il suffit de quelques exhortations du préfet et des membres de la commission alors assemblée à l'Hôtel-de-Ville pour former le contrôle de la garde nationale, pour appaiser ce mouvement populaire. A quatre heures, les boulevards présentent l'aspect du désordre : les services religieux dans les temples des deux cultes sont subitement interrompus ; l'effroi s'était emparé des fidelles. Des groupes tumultueux s'étaient formés de nouveau à la Bouquerie et aux Bourgades. Dans ce dernier quartier on avait déja remarqué des malveillans nettoyer publiquement leurs armes et tenir des propos menaçans. On voit ça et la des patrouilles de lanciers chargeant les rassemblemens trop nombreux. Le colonel de Lascours parcourt tous les quartiers, en exhortant à la paix. Il venait de nous quitter ; il était hors de vue ; une décharge d'arme à feu se fait entendre ; mille bruits contradictoires circulent aussitôt. Celui qui prit tout d'abord le plus de consistance était que le colonel avait été visé par un assassin, blessé, mort... A cette nouvelle les constitutionnels s'exaspèrent ; ils crient : *Aux armes !* se rendent en foule chez les armuriers, enfoncent une boutique de marchand de poudre, située sur le boulevard, mais ils y trouvèrent peu de munitions. La nouvelle était complètement fausse. Voici le fait : un jeune homme libéral est assailli dans la rue Marguerite par une troupe de malveillans armés de pierres. Réduit à la dernière extrémité, il tire un pistolet de sa poche, et vise à ses assassins qui se reculent tumultueusement. Alors le jeune homme tire en l'air et s'enfuit dans une maison, d'où il parvint à s'évader par une porte de derrière.

Le colonel de Lascours s'est de suite montré aux libéraux pour calmer leur indignation ; j'ai vu des vieillards se presser autour de lui et lui baiser les mains. Quelques royalistes se sont hasardés à traverser les rangs des habitués de la Bouquerie, ils y ont affecté un air menaçant ; les libéraux, poussés à bout, ont fait pleuvoir une grêle de pierres sur ces imprudens, qui ont été aussitôt arrachés de leurs mains par des gens plus calmes. A ma connaissance il n'y a qu'un homme dont les blessures aient présenté quelque caractère de gravité. On dit qu'une estafette a été envoyée dans la Vaunage (1) pour faire venir

---

(1) *La Vaunage* (Val de Nages) est une plaine enrichie de villages populeux, dont les principaux sont Calvisson, Aiguesvives, Clarensac, etc. Les protestans y sont en grande majorité. Il ne faut pas confondre ce pays avec la *Gardonnenque*, qui longe les bords rians du Gardon, ni avec les *Cevennes* qui les dominent. Ces dernières con-

la garde nationale de ces contrées. Les troupes font fermer les maisons et disperser les gens, dès sept heures du soir. Le calme règne enfin ; on n'entend plus que les patrouilles et les sentinelles qui renvoient au logis quelques retardataires. On a cependant crié une fois *a l'assassin* du côté des Bourgades et les lanciers s'y sont portés aussitôt.

Le lundi matin, on apprend en effet que, pendant la nuit, les royalistes des Bourgades ont tenté d'enfoncer les maisons de quelques paisibles protestans qui habitent leur quartier. Heureusement que ceux-ci, prévoyant ces attentats, avaient fui la veille pour chercher un plus sûr abri dans l'intérieur de la ville. On dit que les gardes nationales de la Vaunage ont reçu contre ordre.

Dès six heures du matin des groupes

---

trées n'ont point envoyé de gardes nationales à Nîmes ; elles étaient prêtes à le faire, et, au moindre signal, 20,000 hommes en armes seraient entrés dans nos murs.

immenses se forment à la Bouquerie et aux Bourgades. L'agitation va croissant

Midi. — On dit que les royalistes se sont assemblés au Champ de Mars, bien armés et en très-grand nombre. Il paraît certain que les Suisses, à leur départ, qui a eu lieu hier et qui a si visiblement relevé leur audace, leur ont laissé des munitions et même des fusils. Le colonel de Lascours a été pour les dissiper. Le peuple libéral s'arme. Il a reçu du colonel l'ordre de garder la ville et d'y maintenir la tranquillité, tandis qu'il dispersera les rebelles. Des bataillons d'hommes, parmi lesquels on remarque un bon nombre de personnes qui appartiennent à la classe opulente de la société, armés de fusils de chasse, de sabres, de fourches, de faulx, de bâtons ferrés, le drapeau tricolore en tête, se groupent pittoresquement sur la Bouquerie. Ils rentrent dans le droit naturel. Dieu veuille qu'ils ne le dépassent pas !.. Nous n'avons pas vu de soldats depuis le matin. Le colonel de Lascours passe, il réitère ses ordres à nos gardes nationales improvisées.

Une affiche annonce l'organisation définitive d'une garde civique.

A deux heures et demie on aperçoit, à l'aide d'une lunette d'approche, des groupes considérables d'hommes armés qui ont pris possession des moulins-a-vent qui dominent le nord de la ville. Ils portent la cocarde blanche et appartiennent aux royalistes. Un coup de fusil se fait entendre ; plusieurs autres lui succèdent, ce sont les libéraux que l'on attaque lâchement dans une guinguette nommée la *Bazique*. Les troupes civiques et la Bouquerie crient : *Aux armes !* Le tumulte est a son comble, les portes et les fenêtres se ferment de toutes parts, les femmes courent ça et la en poussant des cris lugubres. Les hommes partent. Ils oublient la consigne du colonel, il est vrai ; mais, lecteur, on assassinait leurs frères... Les royaux sont retranchés dans des vignes, derrière des murailles, dans des caves, sur les toits. Les libéraux sont exposés à leur feu et presque sans armes et sans munitions. Une fusillade nourrie se faisait entendre depuis trois longs quarts-d'heure, et la police n'en était pas encore avertie ; une demi-heure de plus s'était écoulée avant que la troupe parût sur les hauteurs. A son approche, les rebelles prennent la fuite ; les constitutionnels reviennent découragés. Ils ont perdu quatre hommes. MM. Jules Cruvelié, Jean Sabatery, Louis Espase et Thomas Chevalier ; onze blessés, Chevalier, fils du précédent, Antoine Soulier, Baillé aîné, Charles Baillé, Rouvière dit *Colin*, Poujol, Hugues, Castillon, Liénard, Barry, Montfajon, Chais. Ce dernier, ancien militaire, vient de succomber à ses blessures, il emporte les regrets de ses concitoyens. Sa dépouille mortelle a été conduite a sa dernière demeure par plusieurs milliers d'honorables citoyens, à la tête desquels se trouvaient le colonel de Lascours, M. le Maire et ses adjoints. Nous ne connaissons pas exactement le nombre des victimes du côté des royalistes.

Pendant ce déplorable engagement, dont les détails nous échappent, mais dans lequel plusieurs ont fait preuve de courage et de témérité, et la plupart ont développé plus d'impétuosité que de ce sang-froid qui assure les succès, un grand nombre de bourgeois s'étaient portés vers la mairie, réclamant des armes et des munitions. Vers six heures, cent cinquante fusils destinés à la garde nationale sont comme livrés au pillage. Le maire fait publier solennellement l'ordre aux paisibles habitans de se renfermer dans leurs maisons; il défend les attroupemens et prescrit à tous les citoyens de porter les couleurs nationales. Les troupes civiques montent la garde dans toute la ville avec beaucoup d'ordre. Passé dix heures elles ne laissent circuler personne et menacent, par ordre, de tirer sur les réfractaires. Nous avons entendu un coup de fusil pendant la nuit, c'est une sentinelle de la troupe de ligne qui fait feu sur des personnes qui ne répondent point au *qui vive :* aucun accident n'en est résulté.

Mardi, 31, dès la pointe du jour les groupes de la Bouquerie se forment. Ceux des Bourgades ont disparu ; on dit que la Vaunage arrive ; elle arrive en effet ; ce sont d'abord quinze cens propriétaires assez bien armés ; ils défilent en bon ordre ; ils sont groupés par village ; chaque escouade est commandée par le maire de la commune qu'elle représente. On les consigne dans les Arènes, les soldats et les citoyens leur portent des vivres. De nouvelles troupes villageoises arrivent ; elles campent sur l'Esplanade ; bientôt elles remplissent tout l'espace qui sépare les Arènes de la place du théâtre. Leur nombre exact est de 3,700. Une compagnie de mineurs est aussi arrivée. On a pris deux royalistes qui s'étaient faufilés parmi les liberaux, en espion et à l'aide de cocardes tricolores ; ils étaient armés de couteaux aigus. Quelques exaltés voulaient en faire un exemple, mais la masse entière des libéraux leur a donné protection. C'est aussi de cette manière que les troupes de la Vaunage ont défendu la maison Belisle-Fournier que quelques personnes indisciplinées voulaient forcer, sous prétexte d'y chercher des armes.

On dit que le chemin de Beaucaire, depuis le Pont de Car jusqu'à Nîmes, est encombré d'insurgés auxquels se sont joints des hommes de Bouillargues, Redessan et Manduel (1).

---

(1) Pendant nos journées de troubles, les habitans de Beaucaire ont conservé une complète neutralité. Désireux de faire régner la tranquillité dans leurs murs, ils ont refusé l'entrée aux Nîmois royalistes qui se présentaient en armes; ils se sont contentés de leur envoyer des secours commandés par la charité. M. Tavernel, le nouveau maire de cette ville, a plusieurs fois envoyé à Nîmes des courriers pour s'informer de notre position et démentir les bruits qui effraient tant les catholiques sur le sort de leurs croix,

Ils sont armés et organisés en troupes. Ils ont enfoncé les portes de plusieurs maisons de campagne, sous prétexte d'y chercher des armes et des munitions. Un grand nombre d'entr'eux se sont insurgés parce qu'on leur a persuadé que leur religion était en danger, leurs croix renversées, leurs églises profanées et toutes leurs maisons livrées au pillage. Ils portent le drapeau tricolore, mais surmonté d'une croix noire. Ils ne laissent circuler personne et ont arrêté des voyageurs. Ils ont députe auprès du colonel pour traiter en parlementaire d'egal à égal. Ils demandent que l'on fasse retirer de Nîmes les gardes de la Vaunage, offrant de licencier les étrangers qui grossissent leurs rangs. Ils ne promettent point de déposer leurs armes. On leur a repondu que, s'ils ne se dispersaient à l'instant, on serait reduit à faire agir contre eux la force armée.

A deux heures, un libéral qui cherchait dans les Bourgades son frère blessé, a reçu une balle dans la jambe, non loin du couvent des Jésuites-Missionnaires.

A quatre heures et demie, la troupe occupe militairement la ligne de maisons depuis les Bourgades jusqu'a la Bouquerie et ferme toutes les avenues du nord. On fait, aux Bourgades, un simulacre de désarmement. M. le curé Bonhomme accompagne les autorités civiles qui commencent cette opération. Sur ces entrefaites, un détachement de troupes populaires s'est présenté pour se frayer un passage jusqu'aux Bourgades pour s'y venger des malheurs de la veille. Le colonel de Lascours s'est violemment opposé à cet acte de démence, que nous voudrions cacher, si nous n'avions promis de dire toute la vérité. Les soldats ont croisé un moment la baïonnette. Pendant ce démêlé, qui n'a duré que quelques minutes, les gardes de la Vaunage n'ont pas fait le plus léger mouvement ; elles avaient juré de ne point agir sans l'ordre de M. de Lascours.

Ce soir les citoyens distribuent des vivres aux mineurs campés sur la Bouquerie et aux troupes de la Vaunage ; celles-ci avaient apporté leurs provisions. Ces braves agriculteurs rendent avec discretion l'excédant de vivres qui leur reste après avoir satisfait leurs premiers besoins.

Pendant la nuit les rebelles sont venus jusqu'a la porte de la ville ; ils ont devasté quelques jardins, arraché les couleurs nationales du commis de l'octroi, et tiré plusieurs fois sur la patrouille civique. On entend distinctement les pas de leurs vedettes, ils ont dévoilé leur mot d'ordre : *Patrouille et la Croix.* A deux heures du matin le général reçoit, du préfet du Gard, l'ordre de repousser la force par la force. Cet ordre est sur-le-champ exécuté. Deux pièces de canon défendent le chemin de Beaucaire, l'infanterie occupe le chemin d'Avignon, et la cavalerie celui d'Arles. Vers neuf heures du matin les insurgens sont mis en fuite, un grand nombre, qui étaient demeurés immobiles pendant et malgré la lecture trois fois répétée de l'acte de sommation voulu par la loi, s'ébranlent et prennent tumultueusement la fuite en jetant leurs armes, aussitôt qu'ils entendent le signal donné à la cavalerie pour les charger Un forcené, nommé Pierre Gilly, dit *Menade*, brave et insulte l'autorité militaire ; un voltigeur du 36.e en a fait justice en lui envoyant une balle qui l'atteint à la cuisse ; c'est la seule goutte de sang versé dans cette affaire. A dix heures la campagne est à sa fin. Quelques personnes se sont étonnées qu'elle se soit si promptement terminée. D'autres auraient désiré qu'un acte de rigueur, un coup de canon peut-être eût abaissé l'orgueil et humilié l'impudence d'un parti si cruel dans la victoire, si arrogant même après la défaite Les premiers s'exagéraient la force morale de quelques malveillans ; les seconds oubliaient que ce coup de canon aurait retenti dans toute la France, dans l'Europe même ; il aurait ébranlé la grande cause libérale achetée par le sang de nos braves Parisiens !

Le Préfet fait proclamer avec solennité l'avis suivant :

Proclamation du Préfet.

« Les séditieux qui ont hier inquiété la ville de Nîmes viennent d'être dissipés par la force armée. Les troupes qui débouchent de Tarascon et d'Arles acheveront leur entière dispersion.

» La présence des gardes nationales de la Vaunage devient maintenant inutile.

» Les autorités civiles et militaires du Gard les remercient de leur zèle, de leur patriotisme éclairé et de leur excellente conduite.

» Les gardes nationales de la Vaunage sont braves et amies de l'ordre, comme la glorieuse armée parisienne.

» Maintenant que tout est redevenu paisible, il faut que chacun retourne à ses travaux ;

» Que la ville de Nîmes reprenne son aspect accoutumé ;

» Que les ouvriers rentrent dans leurs ateliers ;

» Que tout ce qui n'appartient pas à la garde nationale de Nîmes cesse de porter les armes dans l'intérieur de la ville ;

» Que les arrêtés des autorités constituées reçoivent leur exécution.

» Tous ceux qui les enfreindront seront punis.

» Nîmes, le 1.er septembre 1830.

Le préfet du Gard,

A. DE LACOSTE. »

Les habitans de la Vaunage étaient demeurés campés sur l'Esplanade et sur les places adjacentes, attendant les ordres du colonel. A midi ils reçoivent celui du départ. Ils se mettent aussitôt en mouvement. La seule faveur qu'ils aient demandé est la permission de défiler le long des boulevards en faisant le tour de la ville. Ils marchent dans un ordre parfait ; le colonel est à leur tête ; ils sont rangés par village ; le fifre et tambour ouvrent la marche, donnant des airs plutôt champêtres que guerriers. Ils ont placé en tête de chaque compagnie des hommes armés de haches, en guise de sapeurs ; viennent ensuite les gens armés de fusils, puis les porteurs de fourches, les agriculteurs armés de faulx retournées ; enfin une longue caravane de femmes, d'enfans, de mulets, de charrettes accourus pour porter aux hommes les soins qu'auraient nécessité des malheurs auxquels le ciel nous a soustrait. Les cris de vive Louis-Philippe, vive la Charte, vive la liberté ! les accueillent avec un enthousiasme difficile à décrire. La vue de ces honnêtes gens, dont l'aspect est à la fois si fantastique et si imposant, arrache tour à tour des paroles d'admiration, ou des larmes d'attendrissement. Nîmes se souviendra long-temps de l'apparition de la Vaunage, si tutélaire pour ses habitans paisibles, si menaçante pour les pervers. Le maire et les adjoints de la mairie de Nîmes ont adressé la proclamation suivante à ces braves citoyens :

Le Maire et les Adjoints de la mairie de Nîmes, aux gardes nationales de la Vaunage.

« Nîmes, dans l'inquiétude, réclama vos secours : nous attendions une troupe amie de l'ordre ; vous fîtes plus, votre conduite fut admirable ; honneur à vous pour toujours !

» Animés du plus vif enthousiasme pour la cause nationale, mais soumis à la discipline la plus sévère, protecteurs de toutes les personnes et de toutes les propriétés, proclamant qu'aucun excès ne serait permis à la vue de vos bannières, tels vous parûtes à tous les yeux !

Habitans de la Vaunage, si Nîmes vous doit une éternelle reconnaissance, la France elle-même sera fière de cette belle et généreuse conduite d'une partie de ses enfans. *Liberté*, *Ordre public*, telle a été votre devise, tel est son cri de ralliement, et, comme la glorieuse garde parisienne, ces mots sacrés, vous méritez qu'on les inscrive en lettre d'or sur vos drapeaux.

» Nîmes, le 4 septembre 1830.

Is.^{re} DE CHASTELLIER, *maire.*

F. GIRARD, H. ROUSTAN, A. PELET, *adjoints.*

« Dans sa séance du 3 de ce mois, le conseil municipal de la ville de Nîmes a délibéré qu'un drapeau tricolore serait offert, au nom de la ville, à chaque commune dont les gardes nationales sont venues pour concourir, avec les bons citoyens, au rétablissement de l'ordre public dans Nîmes.

» Ces drapeaux porteront l'inscription suivante :

LA VILLE DE NIMES RECONNAISSANTE A LA COMMUNE D.... »

Dans l'après midi de cette journée si remarquable, un spectacle peu décent a frappé nos regards ; ce sont des femmes déguénillées qui se sont rendues dans les Bourgades, dont elles parcourent les rues en dansant la farandole. Hier encore on y cherchait des blessés.

Le reste de la journée a été parfaitement tranquille. On recueille, dans les cercles, les secours de la philantropie pour subvenir aux premiers besoins des blessés constitutionnels, ou des familles frappées d'une perte irréparable par la mort de leur chef. Le résultat des souscriptions est adressé à M. le pasteur Frossard qui est chargé d'en diriger la distribution. Les personnes qui, n'ayant point pris part à cette œuvre, seraient disposées à le faire, peuvent encore envoyer leurs dons à cette adresse.

Jeudi, 2 septembre. On affiche, dans la matinée, la reconnaissance du gouvernement de Louis-Philippe par le cabinet anglais. Cette nouvelle répand la sérénité sur tous les visages.

Il est huit heures ; la municipalité passe

entourée d'un appareil militaire imposant. On lit l'arrêté suivant :

Arrêté du Préfet du Département du Gard.

« Le Préfet du département du Gard,

» Considérant que les désordres les plus graves ont eu lieu dans la ville de Nîmes ;

» Que des rassemblemens séditieux n'ont pu être dissipés par la police ;

» Que l'autorité civile a été méconnue ;

» Que le cours de la justice est entravé ;

» Que des engagemens sérieux ont eu lieu entre les citoyens ;

» Que la force militaire peut seule conserver la tranquillité publique,

» Vu les articles, 5, 10, 11 et 12 de la loi du 10 juillet 1791,

» Et l'art. 53 du décret impérial du 24 décembre 1811,

» Arrête :

» La ville de Nîmes est déclarée en état de siège.

» La police est confiée à l'autorité militaire.

» M. le Colonel de Lascours est chargé de l'exécution du présent arrêté.

» Fait à Nîmes, le 2 septembre 1830.

Le Préfet du Gard,

A. DE LACOSTE. »

Sur l'affiche qui paraît à chaque coin de rue, on remarque que le mot *département* y avait été d'abord imprimé, on lui a substitué, à la main, le mot *ville* de Nîmes.

Ordre du Jour.

« Le Colonel de Lascours, membre de la chambre des députés, commandant, par mission extraordinaire, la subdivision militaire du Gard, et designé par M. le Maréchal-de-Camp commandant la 8.me division militaire, pour mettre à exécution l'arrêté de M. le Préfet du Gard qui déclare la ville de Nîmes en état de siége ;

» Voulant ramener la paix par des moyens légaux, mais energiques, rassurer les hommes loyaux et paisibles, comprimer d'une manière définitive les audacieux ennemis du gouvernement, et, en même temps, prévenir les excès de quelques misérables qui menacent de souiller notre sainte cause,

» Arrête les mesures suivantes de sûreté générale :

» Tout habitant de la ville de Nîmes qui circulera dans les rues sans être paré des couleurs nationales, sera arrêté sur-le-champ.

» Tout groupe de plus de cinq personnes sera dissipé.

» On ne pourra être admis qu'individuellement dans les edifices publics qui servent de siége aux autorités de la ville.

» Tout individu qui répandra des nouvelles tendant à ébranler la confiance dans le gouvernement sera saisi.

» Tout individu qui répandra des défiances injurieuses aux autorités constituées sera saisi.

» Tous les bons citoyens, propriétaires ou

chefs d'ateliers, inscrits sur les contrôles de la garde nationale, sont invités à se rendre exactement à l'appel de leur capitaine.

» Ils porteront le signe de reconnaissance convenu entre M. le Maire et les chefs de cette garde civique. Ils s'habilleront militairement le plutôt possible.

» Tout individu étranger à la garde nationale qui paraîtra dans les rues ou sur le territoire de Nîmes avec une arme, sans être muni d'un permis de la porter, sera sur-le-champ arrêté.

» Les travaux publics, suspendus depuis quelquelques jours, seront immediatement repris.

» MM. les manufacturiers et chefs d'ateliers sont invités à rappeler sur-le-champ à leurs travaux les ouvriers qu'ils emploient ordinairement.

» Passé huit heures du soir, nul ne pourra circuler dans la ville sans lanterne.

» Des forces imposantes appuient ces mesures. Elles seront augmentées, ce soir ou demain matin, du 10.me régiment de ligne, fort de dix-huit cens hommes, qui vient de Lyon par les bâteaux à vapeur.

» Elles s'accroîtront encore demain de deux bataillons du 58.me, et de plusieurs pièces d'artillerie.

» De jour en jour, d'heure en heure, l'armée du Gard se fortifiera jusqu'à ce que la tranquillité soit rétablie.

» Nîmes, le 2 septembre 1830.

Le Colonel DE LASCOURS. »

On conçoit que, sous l'empire d'une Charte qui décrète qu'il ne pourra être créé de commissions et de tribunaux extraordinaires, à quelque titre et sous quelque dénomination que ce puisse être, un état de siége est dépouillé de ce qui en fait la véritable force. Aussi nous n'avons guère connu de ses rigueurs que l'inconvénient de loger beaucoup de soldats, bien racheté, sans doute, par la sécurité que leur présence nous procure, et l'obligation de porter des lanternes dès huit heures du soir, ce dont notre peuple, si oublieux des maux qui ont pesés sur sa tête, il y a deux jours, s'amuse assez plaisamment.

On prit aussi une mesure rendue urgente par notre position critique et bien propre à abréger les lenteurs de la justice. La Cour royale avait évoqué toutes les affaires relatives aux troubles ; elle chargea la chambre de mise en accusation d'en instruire.

Le 4 septembre nous vîmes arriver dans nos murs le 10.e de ligne. Ces braves soldats, accourus pour nous protéger, avaient été envoyés spontanément par les habitans de Lyon, et avaient descendu le Rhône en peu d'heures, sur les bâteaux de poste ou à vapeur. La garde nationale Lyonaise avait eu l'intention d'accompagner, presque en masse, ce régiment. L'impossibilité de se procurer des moyens de transport, et l'assurance qu'elle reçut que le calme était parfaitement rétabli dans notre cité, furent les seules considérations capables de la détourner de ce génereux dessein. L'adresse suivante lui exprime notre juste reconnaissance.

Le Maire et les Adjoints de la ville de Nîmes, à la Garde Nationale de Lyon.

« Gardes nationaux Lyonais,

» Le Maire de la ville de Nîmes et ses adjoints sont heureux d'avoir à vous présenter, dans cette mémorable circonstance, le témoignage sincère de leur reconnaissance.

» Vous avez su qu'une minorité insensée, ignorant ce qu'il y a de générosité et de force dans notre revolution glorieuse, et voulant rester obstinement aveugle aux belles esperances et aux riches elemens qu'elle renferme pour la prosperité de tous, n'avait pas craint de troubler par d'impuissantes, mais criminelles insultes, la securité et la joie de nos bons citoyens.

Vous vous êtes leves pour marcher à leur secours, et si le retablissement prompt et facile de l'ordre est venu arrêter votre inappreciable devouement, nous ne vous en devons pas moins votre toute notre reconnaissance ; la patrie elle-même ne vous en doit pas moins ses plus unanimes remercîmens, car vous avez prouvé avec quelle ardeur vous voleriez au maintien de l'ordre et à la défense de ses droits, si quelque part ils étaient menacés.

» Recevez donc, gardes nationaux lyonais, la vive expression de nos sentimens. Aidez de vos vœux nos efforts pour que les Nîmois, convaincus, comme vous, que les biens réels et durables de notre révolution sont offerts à tous, et que la prospérité des villes manufacturières comme les nôtres, est inséparable de la tranquillité publique, se réunissent dans une confiance réciproque et dans leur attachement pour notre Roi et nos institutions, qui nous assurent à jamais une belle et sage liberté.

Signés DE CHASTELLIER, *maire ;* Ferdinand GIRARD, Hipp. ROUSTAN, Aug. PELET, *adjoints.*

III

Extrait du procès-verbal de la séance du conseil municipal de la ville de Nîmes, du 16 septembre 1830.

« M. le Maire ayant fait part au conseil municipal que, le 12 de ce mois, lui et ses adjoints avaient écrit une lettre à la garde nationale de Lyon, pour lui présenter le juste témoignage de reconnaissance que la ville de Nîmes lui doit pour la louable intention si bien manifestée par elle en apprenant nos journées de troubles, le conseil municipal s'empresse de déclarer qu'il adhère aux sentimens exprimés par M. le Maire, et que, dévoué au maintien de la tranquillité et de l'ordre public, il apprécie vivement la patriotique conduite de la garde nationale Lyonaise, et consigne dans ses registres ses unanimes remercîmens. »

Parvenu à l'époque où la tranquilité a été rétablie dans nos murs, notre tâche est terminée. On pourrait désirer que nous fissions ici part au public de notre opinion sur le caractère des événemens de Nîmes, si différens de ceux qui ont signalé la révolution glorieuse de 1830 dans les autres localités, sur la marche de deux administrations qui se sont succédées, sur nos prévisions de ce que l'avenir nous réserve de prospérités ou de revers. Mais outre que cette opinion, n'ayant pas encore eu le temps de se modifier sur l'opinion publique, à peine formée, perdrait toute sa valeur par cela même qu'elle serait individuelle ; il n'est point entré dans notre plan de nous écarter du rôle de narrateur. L'amour de la vérité a dicté cet écrit ; nous repondrions peut-être moins de vous-même, s'il s'etait agi d'en faire autre chose qu'un récit ; je le laisse à d'autres plus habiles, je souhaite qu'ils soient aussi consciencieux.

Notre devoir d'historien ne nous interdit pas cependant de faire remarquer deux époques bien tranchees dans l'histoire de nos derniers troubles.

La première a été empreinte de modération et de magnanimité. Les libéraux, vainqueurs, consentirent à oublier 1815. Heureux du triomphe de la liberté, ils la voulurent pour tous, même pour ceux qui furent autrefois leurs oppresseurs. L'administration obtint d'eux tout ce qu'elle désirait. Malgré ces démonstrations de bienveillance on commettait contre eux d'horribles attentats ; leurs couleurs nationales étaient insultées ; on proférait en leur présence des cris de provocation ; leur vie était menacée... Ils surent long-temps souffrir et pardonner jusqu'au moment où se croyant negligés par une administration qui leur parut faible ou trop tôt circonvenue, ils crurent devoir se préparer à repousser la violence par la force ; cet seconde période date des jours qui succédèrent aux horribles attentats du 15 août. Alors ils rentrèrent dans le droit d'une légitime défense ; Nîmes fut pendant deux jours entre les mains du peuple ; le moment était critique pour la sûreté commune ; les événemens prouvèrent que les constitutionnels de Nîmes étaient mûrs pour la liberté.

Après avoir lu ce récit, on comprendra sans peine l'intention qui l'a dicté. Nous ne nous flattons point d'avoir été mieux que d'autres en position pour connaître toute la vérité, mais nous avons la conscience d'avoir voulu la dire, et comme nous ne prétendons point être a l'abri de l'erreur, nous conjurons ceux qui la découvriraient dans cet écrit de nous fournir les moyens de la reconnaître, offrant de donner, en retour, une complète publicité à toutes rectifications importantes.

Jusqu'ici, lecteurs, vous avez entendu la voix de l'homme privé, de l'ami de la France et de votre ville, écoutez un moment celle du Ministre de Jésus-Christ.

Lorsqu'au milieu des agitations dont notre ville a été le théâtre, remontant des faits aux causes, nous nous sommes demandé par quel travers nos ouvriers quittaient leurs ateliers, les femmes et les enfans encombraient les places publiques, des masses immenses étaient mises en mouvement à l'ouïe du moindre cri ; les alarmes se répandaient à la vue de la plus légère agitation ; pourquoi le peuple le plus indépendant du monde entier criait : *A bas la Charte !* Pourquoi il attaquait ceux qui consentaient à oublier ses crimes.. Nous n'avons pu attribuer ce phénomène qu'à un esprit d'aveuglement, et nous nous sommes écriés : *Ils ne savent ce qu'ils font !* Pauvre peuple ! on t'abuse, on se sert de toi comme d'un instrument aveugle. Tu ne peux que gagner à la paix et on t'excite à la guerre. On te fait craindre pour ta religion, et nous, si long-temps persécutés, nous ne desirons que professer tranquillement la nôtre !

Aussi, vous ecclésiastiques consciencieux, magistrats intègres, citoyens influens, qui n'appartenez point à notre culte ! si les scènes qui viennent de se passer vous ont fait découvrir plus de modération, plus de moralité et une charité plus expansive chez le peuple protestant de cette cité, que chez celui qui reçoit de vous l'impulsion, nous vons conjurons au nom du Dieu-Sauveur que nous adorons, au nom de sa charité qui nous embrase, d'employer au plutôt quelques-uns de ces plans de régénération et de civilisation, dont les premiers nous avons fait l'essai et dans lesquels nous serions si heureux de vous voir nos émules.

On ne manquera pas d'attribuer à la religion les troubles de Nîmes, tandis que c'est pour n'en avoir point assez que des hommes égarés ont oubliés les devoirs sacrés de la justice et de la charité. Efforcez-vous donc de faire aimer et respecter Dieu autour de vous et d'y faire régner l'amour du prochain.

Que des écoles bien dirigées se multiplient et appellent toute la jeunesse de notre ville. Que des asiles s'ouvrent pour recueillir les enfans en bas âge, les retirer des carrefours où ils reçoivent des leçons de grossièreté et de vice, et leur inculquer de bonne heure l'amour de l'ordre, le respect pour les propriétés et la subordination. Que des bibliothèques populaires soigneusement choisies répondent au besoin de connaître qui se manifeste aujourd'hui dans toutes les classes de la société, et lui fournissent à la fois un aliment sain et un stimulant pour les recherches sérieuses. Que des asiles s'ouvrent pour les indigens et les orphelins. Que la religion, si souvent, et à tort, confondue avec le fanatisme et l'intolérance, soit transmise sous sa forme la plus attrayante et la plus vraie avec le Livre sacré qui en est le code. Que dis-je, écoutez et faites retentir autour de vous la voix du christianisme que Dieu donna aux hommes pour les unir sur la terre et les sauver dans le ciel.

Quant à vous, nos correligionnaires et nos amis ! nous vous conjurons de vous rendre de plus en plus dignes du nom de *réformés* dont vous vous faites gloire et de l'estime que la France éclairée vous accorde. Que la paix, l'union et l'oubli soient toujours votre devise. Que la joie, résultat du triomphe, éclate chez vous par de bonnes œuvres. Ne faites pas consister votre religion dans le seul fait de votre opposition à un autre culte. Vous êtes protestans ; soyez chrétiens. Écoutez le Christ-Sauveur qui vous dit : *Si vous ne pardonnez pas aux autres leurs offenses, votre Père céleste ne vous pardonnera pas non plus les vôtres.* Les événemens du jour vous arrachent de vos demeures, tandis que les soins de la vie domestique et l'avenir d'une âme immortelle devraient absorber toutes vos pensées. Venez dans nos temples recevoir les leçons d'une saine morale et d'une doctrine de lumière. Étudiez cette Bible, vieille de dix-huit siècles et dont les efforts d'une sèche incrédulité n'ont pu tarir la sève fécondante. Animés de l'esprit de bienveillance qu'elle prêche, retablissez avec des hommes, qui, pour être d'un autre culte, n'en sont pas moins vos freres, ces relations intimes, cimentées par l'estime reciproque; et pour quelques malveillans dont, a défaut de la puissance humaine, celle de Dieu fera justice, ne vous separez point de ceux qui sont vos concitoyens et peuvent devenir vos amis.

Nîmois! soyons unis sur la terre et donnons-nous rendez-vous dans l'eternite!

APPENDIX.

Depuis la rédaction de cet écrit nous avons été désagréablement surpris en voyant les événemens de Nîmes faussement représentés par les journaux de la capitale et d'une autre cité. Les articles de la Quotidienne et de la Gazette sont tellement empreints de mauvaise foi, que nous nous abstiendrons de les relever. Nous avons été plus sensibles à certaines erreurs qui se sont glissées dans le récit du Précurseur de Lyon; nous croyons devoir insérer ici la refutation publiée, à ce sujet, par M. le colonel de Lascours.

Nîmes, le 4 septembre 1830.

« Monsieur le Rédacteur,

Permettez-moi de réclamer contre des articles insérés dans votre feuille du 2 septembre, sur les événemens survenus à Nîmes.

» Je passe sur quelques assertions dénuées de fondement, sur quelques bruits populaires que votre correspondant a trop légérement adoptés ; mais je ne puis laisser sans réfutation ce que vous dites des craintes que m'inspirait l'arrivée dans Nîmes, de la population protestante des Cevennes. Moi qui suis né au milieu de ces braves montagnards, qui ai vécu tant d'années avec eux ; moi qui les aime et qu'ils honorent de leur amitié, j'aurais redouté leur présence ici ! non, Monsieur, je connaissais trop la générosité de leurs sentimens, je savais que, si leur secours eût été nécessaire, ils seraient accourus, et qu'ils se seraient comportés comme les excellens patriotes de la Vaunage, qui sont entrés dans Nîmes, et qui, par leur attitude calme, leur généreuse et loyale conduite, ont acquis de nouveaux droits à l'estime, même a l'admiration de tous les gens de bien. Si je ne craignais de donner trop d'étendue à cette lettre, je citerais tous les traits honorables qui ont signalé l'apparition dans Nîmes, de cette courageuse milice nationale de la Vaunage.

Vous n'avez pas été mieux informé, quand vous avez avancé que des postes militaires avaient été forcés : la garnison de Nîmes se composait alors du 36.ᵉ de ligne, de deux compagnies du 3.ᵉ régiment du génie et de deux escadrons du 7.ᵉ régiment de chasseurs ; les postes de ces corps, aussi distingués par leur courage que par leur discipline, ne se laissent pas forcer impunément.

Enfin, Monsieur, les personnes qui écrivent que j'avais couru des dangers graves, me font jouer un rôle beaucoup trop glorieux. Sans doute, j'étais prêt à donner ma vie pour prevenir les maux dont mon pays était menacé ; mais je dois à la vérité, de déclarer que jamais coup de fusil n'a été tiré sur moi : que ma vie n'a jamais été en péril au milieu de mes Concitoyens.

Votre journal est si répandu, il exerce à juste titre une si haute influence, que je n'ai pas cru pouvoir me dispenser d'y relever des inexactitudes injurieuses pour mes Compatriotes, blessantes pour les troupes placées sous mes ordres, et pénibles pour moi.

Je vous prie, Monsieur, de vouloir bien insérer ma lettre dans votre prochain numéro et d'agréer l'expression de ma considération distinguée.

Le Commandant de la subdivision militaire du Gard, membre de la Chambre des Députés,

Lascours.

Nous venons d'apprendre le nom de quelques catholiques victimes de la journée du 30 septembre. Ce sont Guguion et Gaspard, tués, et Jean-Baptiste Belivier et Louis Barbier, blessés. Depuis le 27 juillet il y a donc eu, du côté des protestans, 6 morts et 28 blessés, et de l'autre côté, 2 morts et 6 blessés.

On trouve chez l'Éditeur :

Tableau des diverses religions professées de nos jours ; par E. B. D. Frossard, Prix : 40 cent.

Accord entre le récit de Moïse sur l'âge du genre humain et les phénomènes géologiques ; par E. B. D. Frossard. Prix : 1 fr.

Notice sur la vie et les écrits de B. S. Frossart. Prix : 25 cent. ; avec portrait, 1 fr. 25 cent.

———

Sermons de Blair, traduits de l'anglais ; par B. S. Frossard, 5 vol. Prix : 10 fr.

Le Christianisme des gens du monde, mis en opposition avec le vrai christianisme, traduit de l'anglais de Wm Wilberforce ; par B. S. Frossard, 2 vol. Prix : 5 fr.

www.ingramcontent.com/pod-product-compliance
Lightning Source LLC
LaVergne TN
LVHW050611090426
835512LV00008B/1441